En mi comunidad

Mi hospital

UN LIBRO DE EL SEMILLERO DE CRABTREE

De Alan Walker

y

Pablo de la Vega

CRABTREE
PUBLISHING COMPANY
WWW.CRABTREEBOOKS.COM

T0008918

¡Mi **hospital local** tiene muchos cuartos!

2

3

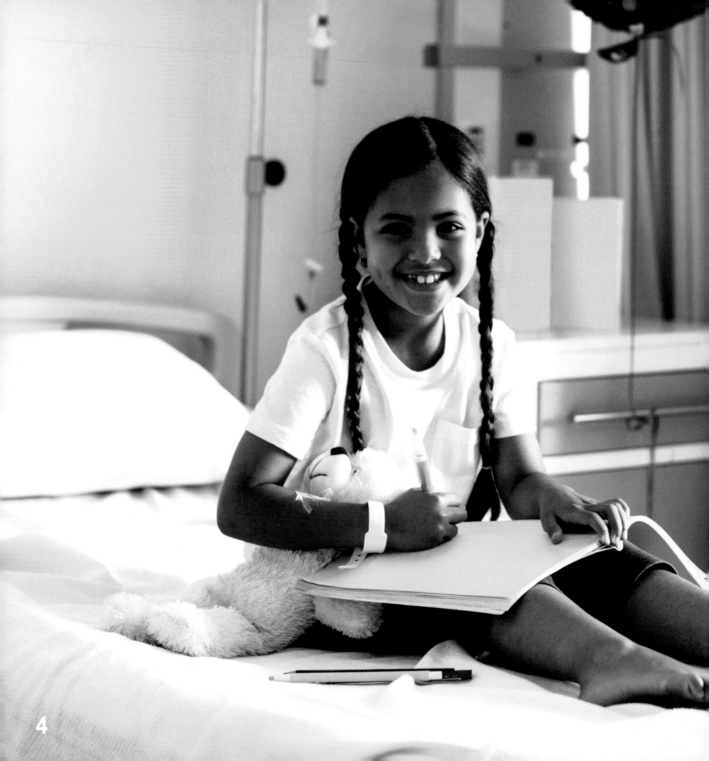

Muchos de esos cuartos
tienen camas para
los **pacientes**.

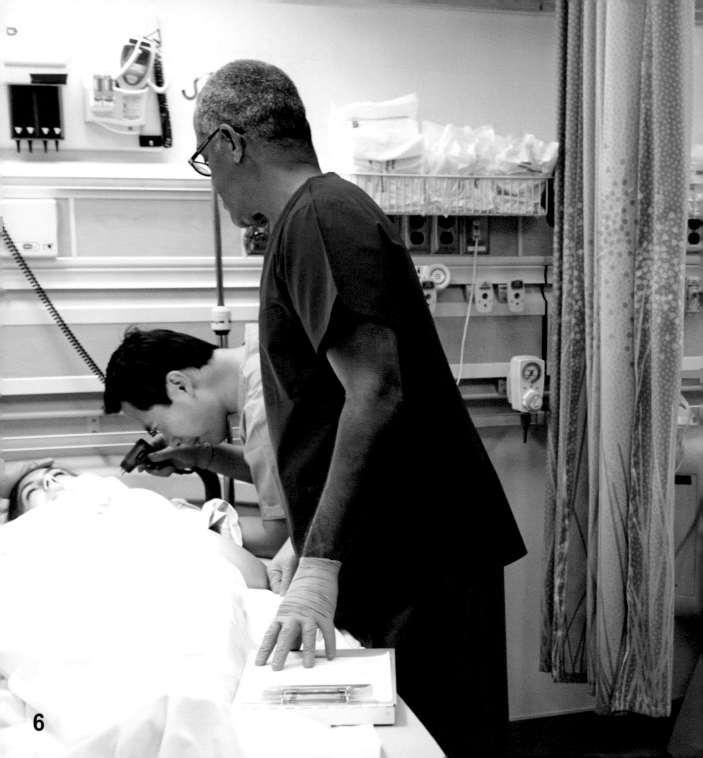

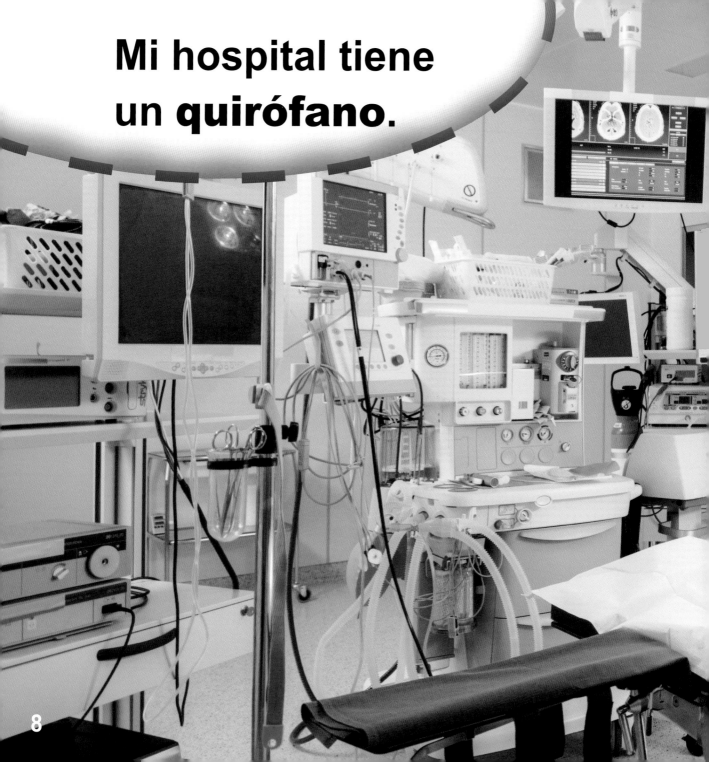

Mi hospital tiene un **quirófano.**

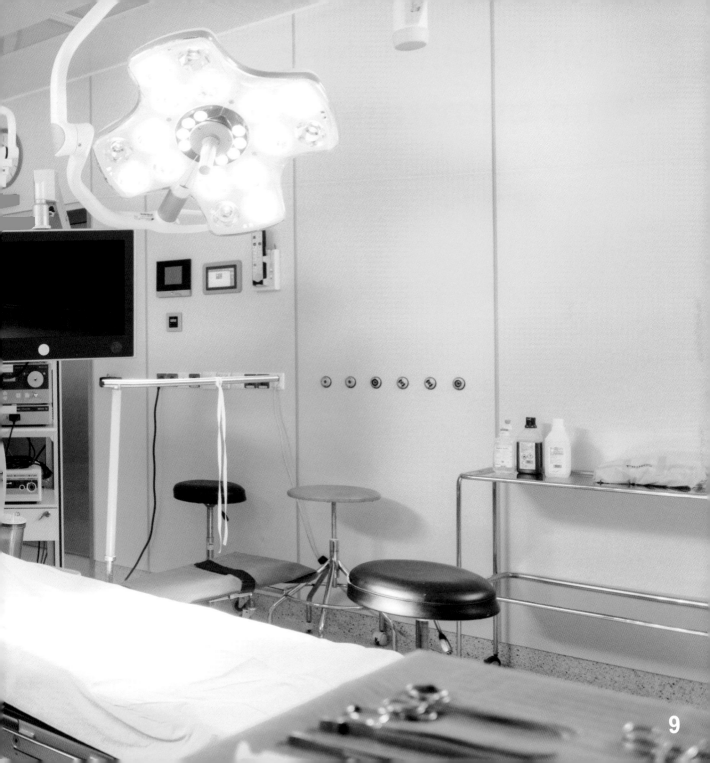

En el quirófano se hacen **cirugías**.

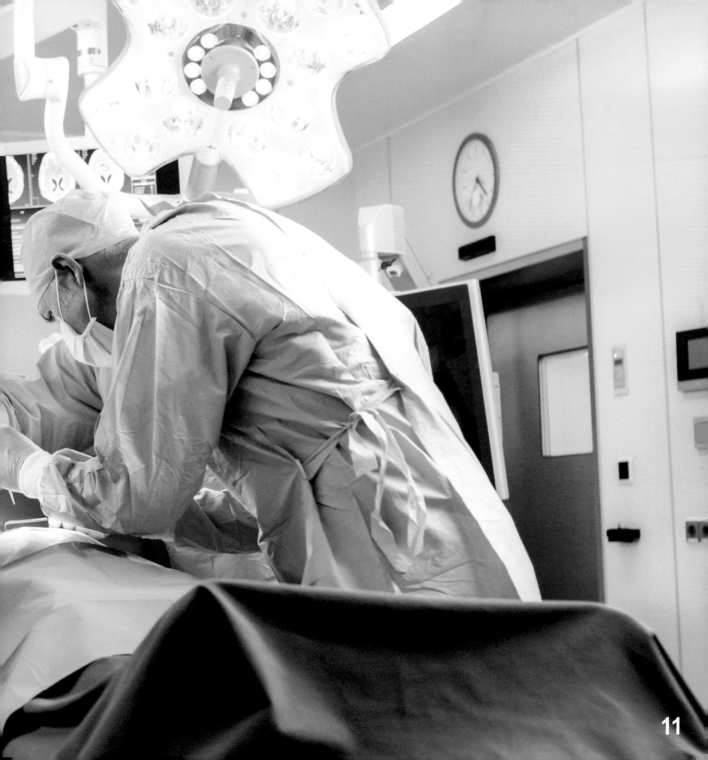

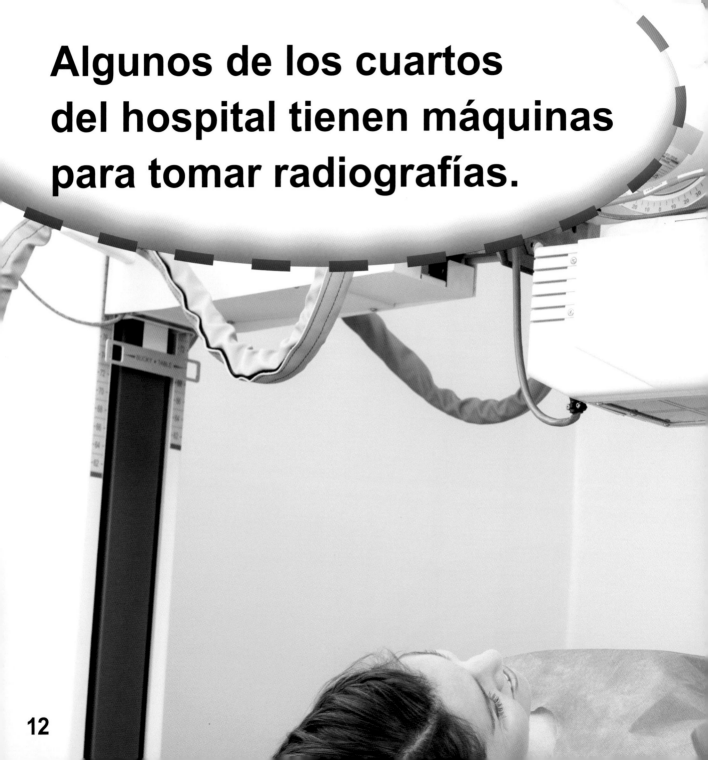

Algunos de los cuartos del hospital tienen máquinas para tomar radiografías.

Las radiografías se ven así.

Las ambulancias llevan rápidamente a los pacientes a **urgencias**.

Mi hermanita nació
en el hospital local.

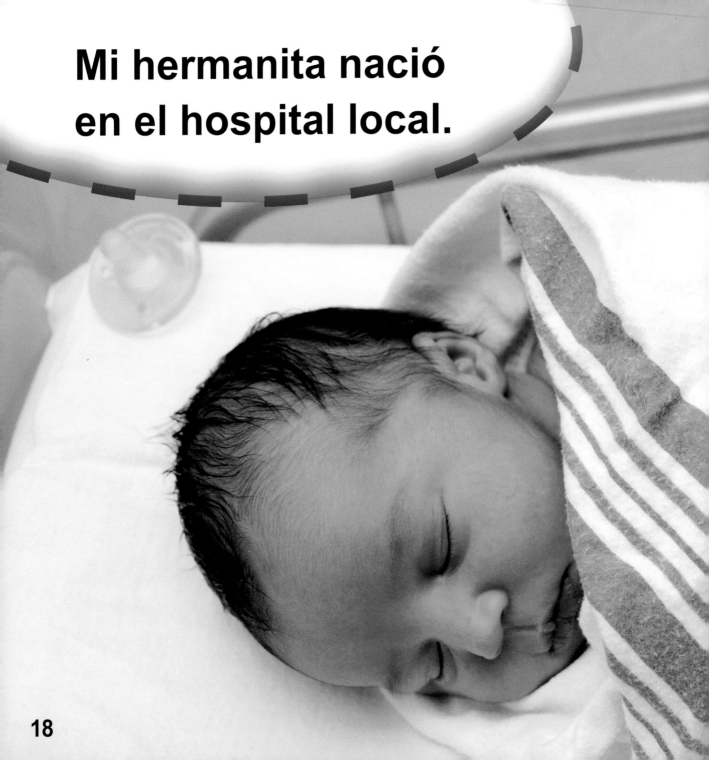

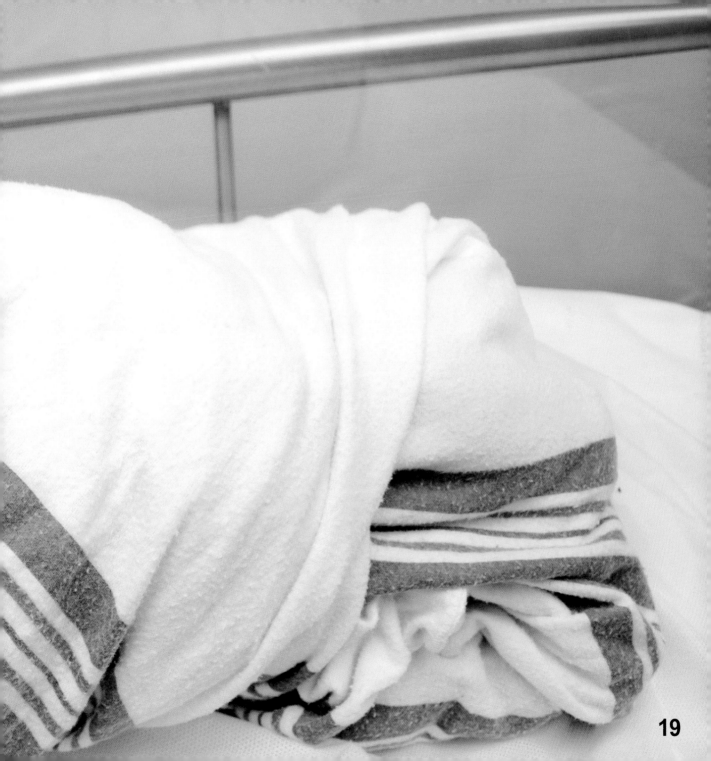

¡Mientras yo esperaba en la sala de espera!

Glosario

cirugías: Las cirugías son realizadas por doctores y enfermeras que usan herramientas especiales para curar el cuerpo de un paciente. Normalmente, el paciente está profundamente dormido durante la cirugía.

hospital: Un hospital es un lugar a donde la gente va cuando está enferma o herida y necesita de cuidados especiales.

local: Local significa que está cerca de tu casa o pueblo o ciudad.

pacientes: Los pacientes son personas enfermas o heridas que necesitan de un doctor.

quirófano: Un quirófano es donde doctores y enfermeras usan herramientas médicas especiales para curar el cuerpo de un paciente.

urgencias: Una sala de urgencias es a donde vas si estás gravemente herido o enfermo y necesitas de ayuda inmediata.

Índice analítico

doctores: 7

enfermeras: 7

pacientes: 5, 7, 17

quirófano: 8, 10

radiografías: 12, 15

urgencias: 17

Apoyos de la escuela a los hogares para cuidadores y maestros

Los libros de El Semillero de Crabtree ayudan a los niños a crecer al permitirles practicar la lectura. Las siguientes son algunas preguntas de guía que ayudan a los lectores a construir sus habilidades de comprensión. Algunas posibles respuestas están incluidas.

Antes de leer

- ¿De qué piensas que tratará este libro? Pienso que este libro es sobre un hospital. Quizá nos enseñará por qué los hospitales son importantes.

- ¿Qué quiero aprender sobre este tema? Quiero aprender acerca de la gente que trabaja en los hospitales.

Durante la lectura

- Me pregunto por qué... Me pregunto por qué la gente necesita hacerse radiografías.

- ¿Qué he aprendido hasta ahora? Aprendí que los doctores y las enfermeras trabajan en los hospitales.

Después de leer

- ¿Qué detalles aprendí de este tema? Aprendí que un hospital tiene muchos cuartos. Hay cuartos con camas para los pacientes. Hay cuartos para hacer cirugías y hay cuartos para las urgencias.

- Lee el libro de nuevo y busca las palabras del vocabulario. Veo la palabra *cirugías* en la página 10 y la palabra *urgencias* en la página 17. Las demás palabras del vocabulario están en las páginas 22 y 23.

Library and Archives Canada Cataloging-in-Publication Data

Title: Mi hospital / de Alan Walker y Pablo de la Vega.
Other titles: My local hospital. Spanish
Names: Walker, Alan, 1963- author. | Vega, Pablo de la, translator.
Description: Series statement: En mi comunidad | Translation of: My local hospital. | Translated by Pablo de la Vega. | "Un libro de el semillero de Crabtree". | Includes index. | Text in Spanish.
Identifiers: Canadiana (print) 20210100842 | Canadiana (ebook) 20210100850 | ISBN 9781427131348 (hardcover) | ISBN 9781427131447 (softcover) | ISBN 9781427131522 (HTML) | ISBN 9781427135186 (read-along ebook)
Subjects: LCSH: Hospitals—Juvenile literature.
Classification: LCC RA963.5 .W3518 2021 | DDC j362.11—dc23

Library of Congress Cataloging-in-Publication Data

Available at the Library of Congress

Crabtree Publishing Company

www.crabtreebooks.com   1-800-387-7650

Print book version produced jointly with Crabtree Publishing Company NY, USA

Written by Alan Walker
Production coordinator and Prepress technician: Ken Wright
Print coordinator: Katherine Berti
Translation to Spanish: Pablo de la Vega
Edition in Spanish: Base Tres

U.S.A./022021/CG20201123

Content produced and published by Blue Door Publishing LLC dba Blue Door Education, Melbourne Beach FL USA. Copyright Blue Door Publishing LLC. All rights reserved. No part of this book may be reproduced or utilized in any form or by any means, electronic or mechanical including photocopying, recording, or by any information storage and retrieval system without permission in writing from the publisher.

Photo credits: Cover photo © Monkey Business Images, hospital logo © TotemArt, page 2-3 hospital © Spiroview Inc, girl © Patrick Foto; page 4-5 © wavebreakmedia; 6-7 © Monkey Business Images; pages 8-9 and 10011 © Gorodenkoff; page 12-13 © Tyler Olson; page 14-15 © NaruFoto; page 16-17 © blurAZ; page 18-19 © rSnapshotPhotos; page 20-21 © Monkey Business Images, page 22 emergency room © Viktor Birkus, buildings © Wozzie. All photos from Shutterstock.com

Published in Canada
Crabtree Publishing
616 Welland Ave.
St. Catharines, ON
L2M 5V6

Published in the United States
Crabtree Publishing
347 Fifth Ave
Suite 1402-145
New York, NY 10016

Published in the United Kingdom
Crabtree Publishing
Maritime House
Basin Road North, Hove
BN41 1WR

Published in Australia
Crabtree Publishing
Unit 3 – 5
Currumbin Court
Capalaba QLD 4157